블랙독(Black Dog)에 대하여

영국 전 수상 윈스턴 처칠을 평생 그림자처럼 따라다녔던 우울증.

그는 자신의 지독한 우울증을 '블랙독'이라고 불렀습니다.

이를 계기로 블랙독이라는 표현은 수많은 사람들을 괴롭히는 우울증을 뜻하는 별칭으로 쓰이게 되었습니다.

이 블랙독은 끊임없이 부정적인 생각과 말을 하게 만들며, 사람들 속에서 소외감을 느끼게 합니다.

이처럼 블랙독이 우리 삶에 끼치는 부정적인 영향을 이 책에서 실감나게 보여주고 있습니다.

굿바이 블랙독

굿바이 블랙독

매튜 존스톤 지음 | 채정호 옮김

생각속의집

길을　　　　잃어보지　　　　　　앓고는

나를   발견할   수   없다

우울해지지
않기로
결심한
당신에게

고든 파커
블랙독 연구소 소장
뉴사우스웨일스 대학 정신과 교수

인생을 살아가는 동안 누구도 피해갈 수 없는 것이 세 가지가 있습니다.

그것은 바로 늙음과 죽음, 그리고 우울이라는 감정입니다. 이 우울한 기분은

오래가지 않고 곧 나아지기 때문에 일반적으로 '우울감'이라고 쉽게 이야기합니다.

그러나 여자 네 명 중 한 명, 남자 여섯 명 중 한 명은 치료를 받아야 하는

병적 우울증으로 진행됩니다. 우울증은 생각보다 심각하고 만성적이어서 짧게는

몇 주에서 길게는 몇 년 간에 걸쳐 지속되기도 합니다. 세계보건기구는 우울증이

전 세계 인류에서 가장 심각한 장애를 일으키는 병으로, 심장병보다도 심각하며

상당한 경제적 손실을 초래한다고 경고했습니다.

이 책에 소개된 삽화에는 자신의 의지를 잃고 매사에 흥미를 느끼지 못하는

우울증의 특징이 잘 묘사되어 있습니다. 우울 증상이 매우 심각한 사람은

집중력이 매우 부족하며 침대에서 일어나 욕조 안으로 들어가지도 못합니다.

어떤 사람은 색깔을 구분하지 못하는 어려움을 겪기도 하고, 또 다른 사람은 모든

것이 어두운 검은색으로만 보인다고 호소합니다. 오랜 세월 동안 사람들과 가깝게

지내온 견공들은 긍정적인 속성과 부정적인 속성을 모두 지니고 있습니다. 원시시대

에는 죽음의 메신저로 불릴 정도로 인간 삶의 어두운 측면과 연관되어 있습니다.

"검은 개나 검은 안개가 나타나면 겁에 질린다"는 말은 켄트 족 시대까지 거슬러

올라가지만, 우울증과 블랙독을 처음으로 연관 지은 작가는 새뮤얼 존슨이었습니다.

윈스턴 처칠은 이 비유를 대중화시켰으며 우리 연구소 이름도 여기에서 따왔습니다. 처칠 이후 수많은 작가, 예술가, 가수들이 우울한 블랙독의 이미지를 사용해왔습니다. 저자 매튜 존스톤의 접근방식은 여러 가지 영감을 불러일으킵니다.

우울증으로 인한 다양한 심리상태, 대인관계의 양상들, 신체적인 증상들을 정확하고 통찰력 있게 묘사하고 있습니다. 그리고 그는 충성스러운 개의 이미지를 중첩시켜 악의 화신으로서의 블랙독의 이미지를 중화시켰습니다.

이 책의 메시지는 감동적입니다. 우울증은 만성적이기도 하지만, 도망가거나 피하려고 하지 말고 정면으로 맞서야 하며, 이런 과정을 통해 자신이 배울 수 있는 것이 무엇인지를 스스로 생각하게 합니다. 우울증을 경험해본 사람이라면 웃음을 짓기도 하고 스스로의 이미지를 긍정적으로 받아들이는 데에 도움이 될 것입니다.

또한 우울증을 아직 겪어보지 못한 사람에게는 자신이 우울증에 빠져 있는 듯한 느낌을 주면서 동시에 정확하고 유익한 정보를 전달해줄 것입니다.

더 이상 우울해지지 않기로 결심한 당신, 그럼 블랙독과의 내면 여행을 시작해볼까요?

차례

—

굿바이 블랙독

새로운
하루를
맞이하세요

호주 시드니에서
매튜 존스톤

저의 작은 책이 한국에서 출간되는 것을 대단히 영광으로 생각합니다.

이 책이 여러분에게 도움이 되고 인생에 대한 통찰력과 희망을 줄 수 있기를

진심으로 바랍니다. 이 책을 출간한 이후, 우울증으로 고통 받는 사람들은 훈계나

설교 듣기를 원하는 것이 아닌 이해받기를 원한다는 사실을 깨닫게 되었습니다.

대부분의 사람들은 위기 상황 속에서 오랫동안 살아가면서도 심하게 상처받아

완전히 산산조각 날 때까지 그 문제를 고치려 들지 않는 버릇이 있습니다.

제 인생의 전환점은 2001년에 일어난 9·11 세계무역센터 테러 사건이었습니다.

불운하게도 저는 첫 번째 건물이 무너질 때, 그 건물들에서 한 블록 떨어진 곳에

서 있었습니다. 얼마나 끔찍한 날이었는지 굳이 설명할 필요도 없습니다.

하지만 저는 그날, "인생은 믿을 수 없을 만큼 짧다"는 교훈을 하나 얻었습니다.

그때까지 저는 인생을 산다기보다는 그저 견딜 뿐이었습니다.

18년 넘게 블랙독과 함께 살았지만 어떻게든 비밀로 숨겨왔던 거지요.

저는 가면을 쓰고 살아가는 것에 지쳐버렸고, 진실하게 살아가기로 결심했습니다.

그래서 어느 날 오후, 자리에 앉아 이 책을 쓰기 시작했고 4시간쯤 지난 후에

작업을 마칠 수 있었습니다. 여러분이 손에 들고 있는 이 책은 바로 그날 오후에

탄생한 것입니다. 제가 지금껏 작업한 것들 중에서 이 책이 가장 쉬운 일이었고,

진짜 말 그대로 제 안에서 술술 흘러나온 것을 그대로 썼습니다.

그 말을 친구에게 말했더니, 그는 인생의 경험에 바탕을 둔 것이어서 가능한
일이라고 하더군요. 제가 이런 이야기를 하는 것은, 효과적인 치료방법이 있으니
여러분이 굳이 고통을 겪을 필요는 없다고 믿기 때문입니다.

저는 우울증을 감추는 데 소모한 에너지의 일부만이라도 치료하는 데 썼다면 두 배는
더 빨리 회복되었을 거라는 사실을 깨달았습니다. 이 한 권의 책이 모든 것에 대한
정답이 될 수는 없을 것입니다. 하지만 여러분과 여러분이 사랑하는 사람 사이에
다리 하나를 놓아줄 수 있다고 믿습니다. 만약 여러분이 지금 고통을 겪고 있는
당사자이거나 그런 분의 배우자, 부모, 친구나 동료라면 여러분의 인생에 강력한
힘을 발휘해줄 놀라운 책을 손에 들고 있는 것입니다.

새로운 하루를 맞이하고 싶은 당신에게 이 책을 드립니다.

제 1 장

만남

내 안에
블랙독이 산다

돌이켜보며,

이십대 초반부터 블랙독은
내 삶에 나타나 끊임없이 들락날락거렸다.

녀석이 나타나면
내 기분은 축 쳐져버렸고,

삶은

한없이 더디게 흘러만 갔다.

블랙독,

이 녀석은 별 이유도 없이

갑자기 나타나서 나를 놀라게 하곤 했다.

녀석은

원래 내 나이보다

나를 더 늙어 보이게 했고,

나 스스로

확 늙은 것 같은 기분이 들게 했다.

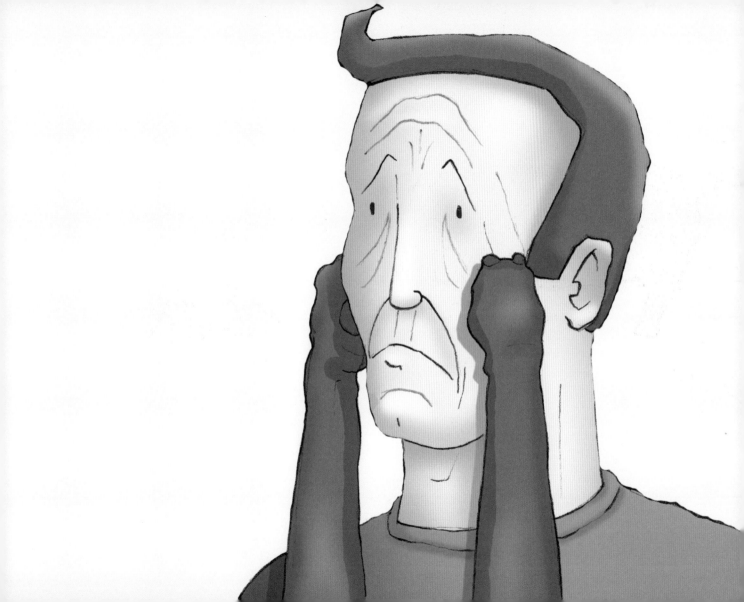

세상 모두가
인생을 마음껏 즐기고 있을 때,

나만이
블랙독의 눈으로
세상을 바라보고 있었다.

그런 나의 삶은

암울함

그 자체였다.

즐거웠던 일도 갑자기   시들해졌다.

블랙독은 내 입맛도 떨어뜨렸다.

녀석은

기억력과 집중력도 갉아먹어 버렸다.

무엇을 하거나 어디를 가려고 해도
블랙독은 나를 끈질기게 따라다녔다.

녀석 때문에
나는 슈퍼맨 같은 힘이 필요했다.

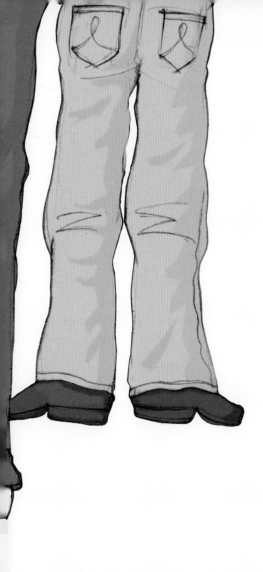

내가 사람들과 어울리려고 하면
어느새 녀석이 따라와서는

그나마 남아 있던
나의 자신감까지도 깡그리 없애 버렸다.

나는 점점 더 왜소해져갔다.

사람들이 수군대며

내 흉을 보는 것 같아 늘 걱정스러웠다.

나는 사람들 눈에 띄는 것이 가장 두려웠다.

나는 집이나 직장에서

나를 감추는 데 급급했다.

그리고 멋지고 괜찮은 사람인 척

사람들을 속이게 되었다.

블랙독을 키우고 있다는

사실을 들킬까봐 두려웠던 것이다.

하지만 내 감정을 숨기고

사람들을 대하려니 너무 힘이 들었다.

마치 간질이나 심장발작, 당뇨병 같은

병을 숨기는 것처럼 엄청난 노력이 필요했다.

"싫어."

"안 돼."

"피곤해."

블랙독은 부정적인 말만 하게 만들었다.

녀석 때문에

내 목소리는 점점 기어들어갔고

이내 자신감도 사라져갔다.

"날 피곤하게 만들지 마!"

블랙독은 나를 짜증나게 했고
나를 까다로운 사람으로 만들었다.

녀석은

내게서
사랑의 감정을 빼앗아갔으며,

사랑하는 사람에게
친밀한 감정을 품는 것조차 방해했다.

되풀이되는

부정적인 생각 때문에

잠 못 이루는 괴로운 밤들이 계속 이어졌다.

나는

숱한 밤을

하얗게 지새워야 했다.

제 2 장

대면

블랙독을
떠나보내는 법

블랙독을 키우며

산다는 것은

단순히

의기소침해지거나

슬퍼지거나,

우울해지는 것만을

의미하지 않는다.

최악의 경우

모든 감정이 메말라버릴 수도 있다.

시간이 흐르면서

블랙독의 몸집은 점점 커져만 갔고,
녀석은 끈덕지게 나를 따라다니기 시작했다.

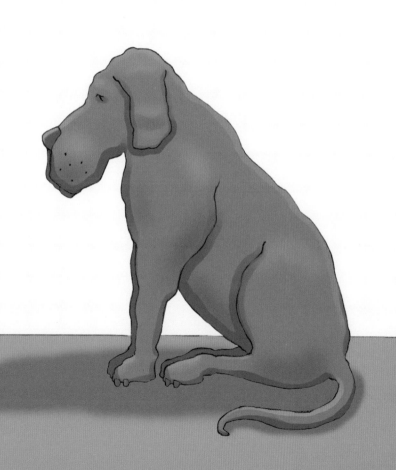

"됐어, 이제 그만해!"
하고 소리치고 싶었다.

녀석을 쫓아버릴 수만 있다면
무엇이든 손에 잡히는 대로 휘두르고 싶었다.

하지만…

난 녀석에게
번번이 지고 말았다.

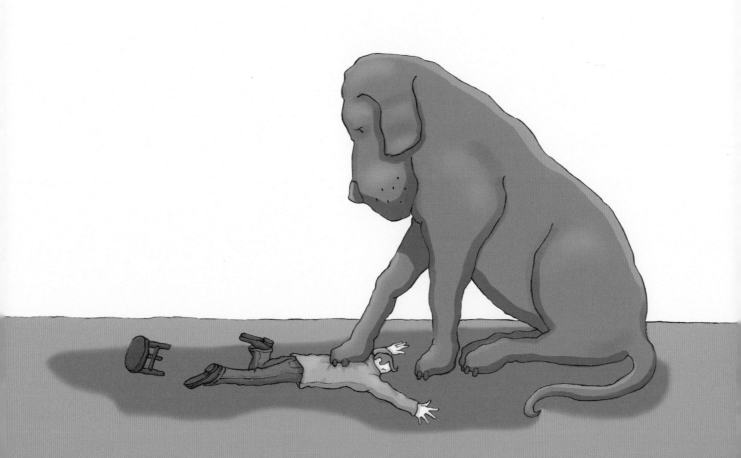

사실

녀석에게
항복해 버리는 것이

맞서는 것보다
훨씬 쉬운 일이었다.

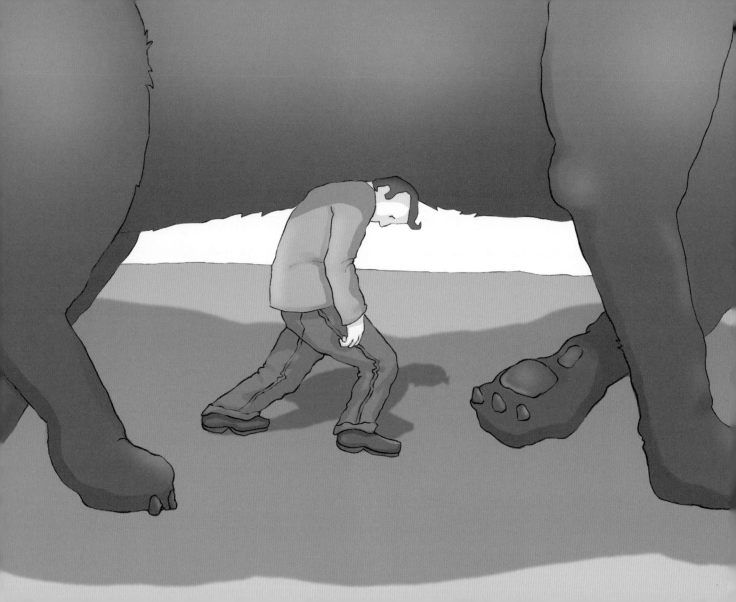

결국

나는 스스로
치료하는 방법을 찾기 시작했다.

하지만
별 도움이 되지는 않았다.

나는 세상의 모든 것들과

모든 사람들로부터

완벽하게 고립되어 갔다.

오직

나와 블랙독만이 존재하는 것 같았다.

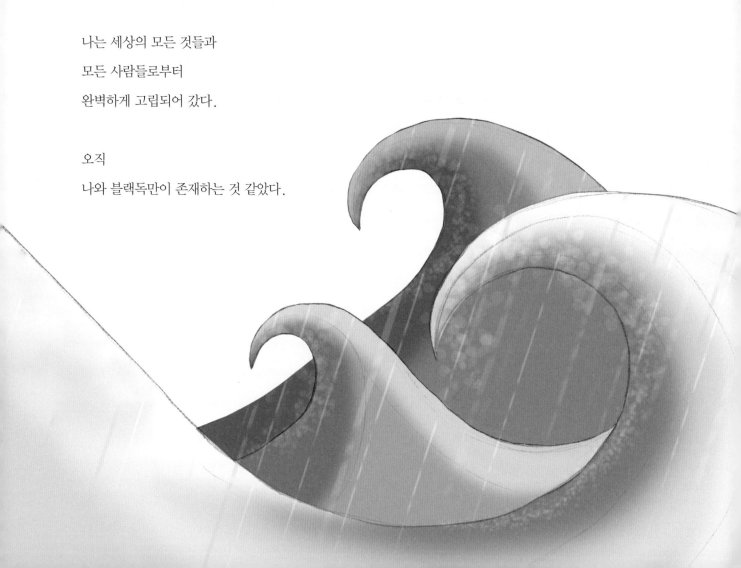

결국 블랙독은

내 인생을 송두리째 빼앗아 갔다.

내 의지는 나 자신을 차갑게 외면했다.

나는 녀석 앞에 완전히 무릎을 꿇고 말았다.

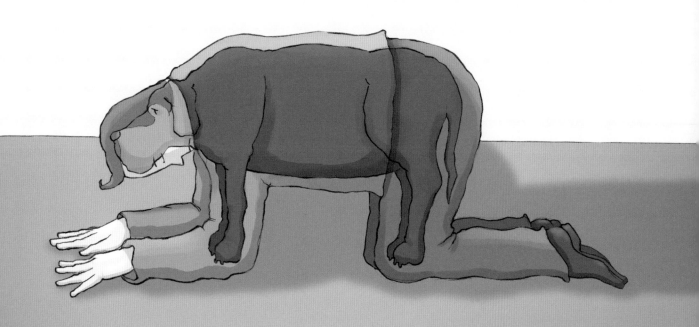

최악의 상황에 이르러서야

나는 전문가에게

도움을 청하고 진료를 받기 시작했다.

비로소 회복을 향한 첫걸음을 내딛기 시작했고,

이것이 내 인생의 큰 **전환점**이 되어주었다.

나는

다양한 종류의 블랙독들이
수많은 사람들을

괴롭히고 있다는
사실을 알게 되었다.

블랙독은 별별 특징이 섞여 있는
'무시무시한' 잡종견이다.

그래서 녀석을 치료하는 방법이
다양할 수밖에 없으며
금세 낫지 않는다는 것도 알았다.

어떤 사람에게는 약물 치료가 효과적인 경우가 있고,
또 다른 치료와 병행해야 하는 경우도 있다.

블랙독은 내가 다른 사람에게

내 자신의 이야기를 하면

그들이 나를 흉볼 것이라고 속여 왔다.

하지만 그것은 진실이 아니다.

가까운 친구와 가족에게

내 감정을 솔직하게 표현하는 것이야말로

내 삶을 건강하게 회복시키는 가장 효과적인 방법이다.

블랙독,

이 녀석을

내 안에 품고 있는 것보다

멀리 쫓아버리는 것이 훨씬 현명하다.

무엇보다 블랙독을 두려워하지 말자.

이렇게 결심하고 나서

나는 녀석을 길들이는 나만의 방법을 터득하게 되었다.

블랙독은

스트레스와 피로를 먹고 살기 때문에

내가 힘들어할수록 더 크게 짖어 댄다.

반대로 요가나 명상을 하고 자연 속에 머무르면

녀석은 금세 조용해진다.

그래서 적당히 휴식을 취하고

마음의 안정을 찾는 것이 중요하다.

뚱뚱하고 게으른 블랙독 때문에

나는 늘 자리에 누워 있어야 했고,

그런 나 자신을 보며

'왜 나는 이 모양일까'

하며 고민하곤 했다.

운동을 하면 내 기분이 좋아지기 때문에

녀석은 내가 운동하는 것을 싫어했다.

하지만 움직이기 싫을 때야말로 자리를 박차고

일어나서 몸을 움직여야 할 때다.

걷거나 달리기를 해서

그 꼴 보기 싫은 녀석을 따돌려야 한다.

내 안의 블랙독을 길들이기 위해서
기분 기록표를 써보는 것도 유용한 방법이다.

매일 매일 생각을 기록하는 것은
내 감정을 자유롭게 하고,
내면의 소리에 귀 기울일 수 있게 한다.

그날의 기분을 나타내는 상징이나 기호를 만들어
등급을 매기는 것도 좋은 방법이다.

제 3 장

화해

블랙독,
미안해
그리고 고마워

지금

그 어떤 최악의 상태에 있다 하더라도

반드시 잊지 말아야 할 것은

나 자신을 믿고 사랑하는 일이다.

적절하게 대응하면

블랙독은

결코

나를 지배하지 못.한.다.

나에게 블랙독이 있었다는 것을
감사하다고 말할 수는 없다.
하지만 그 녀석 덕분에 내가 잃은 것을
다른 방법으로 얻을 수 있었다.

지난 삶을 다시 돌아보게 되었고,
내 삶을 단순화시켰으며,

내가 가진 문제로부터 도망가기보다는
문제를 인정하고 받아들이는 법을 배웠다.

앞으로도 블랙독은 내 인생에 갑자기 나타나서

또 다시 나를 힘들게 할 수 있다.

하지만 그때마다 낙심하고 두려워할 필요는 없다.

인내심과 유머감각, 지식과 분명한 원칙이 있다면

그 어떤 블랙독도

내가 길들일 수 있다는 사실을 확실히 깨달았다.

마지막으로 녀석에게 고백하고 싶다.

'블랙독,   미안해 · · ·

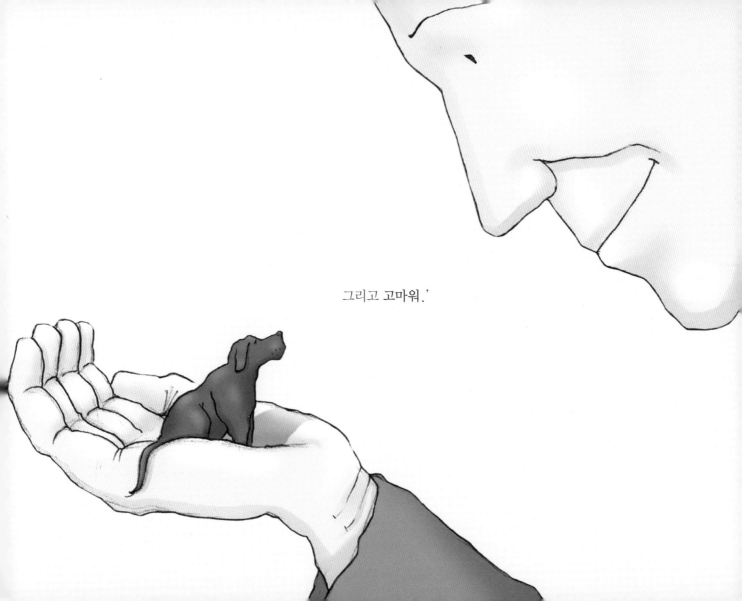

그리고 고마워.'

에필로그

—

평온한 삶을
포기하지 마세요

매튜 존스톤
《굿바이 블랙독》의 저자

이 책을 쓰게 된 이유는 자기 치유서를 만들겠다는 목적보다는 우울증을 겪는
고통이 어떤 것인가를 시각적으로 보여주기 위해서입니다.
저는 심리학자도, 정신과의사도 아니고, 그렇다고 관련 분야의 전문가도 아닙니다.
그저 끔찍한 우울증을 직접 겪어봤을 뿐입니다. 저는 이러한 우울증을 시각적으로
표현할 상징물로 '블랙독(black dog)'을 골랐습니다.

이 블랙독이라는 녀석은 언제 어디서나 우리 곁에 존재할 수 있습니다.
물 컵에 떨어진 잉크 방울처럼 모든 것에 스며드는, 어려운 시기에 다가오는
악마 같은 존재입니다. 이 책을 배우자나 부모, 자녀와 친구,
심지어 의사 및 치료사들과도 함께 읽어주었으면 합니다.
이 책은 누구나 겪을 수 있는 일을 시각적으로 잘 표현해 놓았습니다.

사람들은 각자 다른 방식으로 자신만의 병을 극복해 나갑니다. 윈스턴 처칠은
"지금 내가 지옥 속을 헤치고 가고 있다는 걸 깨달았더라도 계속가야 한다"고
말했습니다. 이 책을 읽는 당신의 인생에 블랙독이 끼어들었다면
절대로 싸움을 포기하지 마세요. 확신컨대, 당신은 블랙독을 물리칠 수 있습니다.

이 책을 집필할 때 도움을 주신 모든 분들께 감사합니다.

특히 블랙독, 이 녀석이 없었다면 이 책은 아마 세상에 나올 수 없었을 것입니다.

고맙다. 나쁜 녀석!

마지막으로 당신에게 마음의 평화가 깃들이기를 기원합니다.

그리고 마땅히 누려야 할 편안하고 가치 있는 인생을 포기하지 않았으면 좋겠습니다.

옮긴이의 말

–

누구나
우울할 수
있습니다

채정호
가톨릭대학교 서울성모병원
정신건강의학과 교수
행동하는 긍정, 옵티미스트 클럽 회장

우울한 시대입니다. 세상에 많은 것들이 우리를 우울하게 합니다. 현재의 현실이 우울하고 미래도 암울하게 보일 때가 많습니다. 그렇다 보니 '혹시 나도 우울증인가' 하며 우울과 우울증을 혼돈하기도 합니다. 이 책에서 블랙독이라고 말한 우울증은 단순히 우울한 기분과는 다릅니다.

누구나 우울할 수 있습니다. 하지만 모두가 블랙독을 키우지는 않습니다. 만약 블랙독 때문에 일상의 삶이 힘들고 고통이 지속된다면 그것은 심각한 우울증입니다. 그럴 때는 서둘러 주위에 도움을 구해야 합니다. 혼자 해결할 수 없다는 사실을 인정하고 스스로 존중해야 우울증에서 벗어날 수 있습니다.

내 안에 블랙독이 있다는 것은 결코 창피한 일이 아닙니다. 또 정신이 이상하다는 것도 아닙니다. 다만 블랙독을 계속 키우면서 그에게 지배당하는 것은 어리석은 일입니다. 블랙독은 나에게 새까만 색안경을 쓴 채로 인생을 바라보게 만듭니다. 내 안에 블랙독이 자리를 잡으면 나의 총명함을 먹어버리고 나의 판단력도 흐리게 합니다. 그 때문에 우울증에서 벗어나는 방법을 알려주는 수많은 책들이 있어도 집중하지 못해서 끝까지 읽어내지 못할 때가 많습니다.

이 책은 블랙독 때문에 집중하지 못했던 분들도 쉽게 읽을 수 있도록 되어 있습니다.
메시지가 분명하고 치유의 힘이 느껴지는 글과 그림을 한 페이지씩 넘기다보면
조금씩 마음이 편안해짐을 느낄 수 있습니다. 그리고 책 속에 있는 메시지를 찬찬히
살펴보며 그대로 실천해간다면 더 이상 블랙독이 나를 지배하지 못하게 될 것입니다.
그리고 나면 전보다 자유롭고 행복한 나 자신과 만나게 될 것입니다.

–

나는
얼마나
우울한 걸까?

〈 우울증 자가진단 테스트 〉

자신의 마음건강 상태를 테스트해보고 싶다면

다음의 건강질문지-9(Patient Health Questionnaire, PHQ-9)에 답해보세요.

아래 나열되는 증상들에 얼마나 자주 시달렸습니까?

1. 일을 하는 것에 대한 흥미나 재미가 거의 없음

　　　◎ 전혀 아니다　　　① 여러 날 동안　　　② 일주일 이상　　　③ 거의 매일

2. 가라앉은 느낌, 우울감 혹은 절망감

　　　◎ 전혀 아니다　　　① 여러 날 동안　　　② 일주일 이상　　　③ 거의 매일

3. 잠들기 어렵거나 자꾸 깨어남, 혹은 너무 많이 잠

　　　◎ 전혀 아니다　　　① 여러 날 동안　　　② 일주일 이상　　　③ 거의 매일

4. 피곤감, 기력이 저하됨

　　　◎ 전혀 아니다　　　① 여러 날 동안　　　② 일주일 이상　　　③ 거의 매일

5. 식욕 저하 혹은 과식

  ⓪ 전혀 아니다 ① 여러 날 동안 ② 일주일 이상 ③ 거의 매일

6. 내 자신이 나쁜 사람이라는 느낌 혹은 내 자신을 실패자라고 느끼거나,
  나 때문에 나 자신이나 내 가족이 불행하게 되었다는 느낌

  ⓪ 전혀 아니다 ① 여러 날 동안 ② 일주일 이상 ③ 거의 매일

7. 신문을 읽거나 TV를 볼 때 집중하기 어려움

  ⓪ 전혀 아니다 ① 여러 날 동안 ② 일주일 이상 ③ 거의 매일

8. 남들이 알아챌 정도로 거동이나 말이 느림. 또는 반대로 너무 초조하고
  안절부절못해서 평소보다 많이 돌아다니고 서성거림

  ⓪ 전혀 아니다 ① 여러 날 동안 ② 일주일 이상 ③ 거의 매일

9. 나는 차라리 죽는 것이 낫겠다는 등의 생각
  혹은 어떤 면에서건 당신 스스로에게 상처를 주는 생각들

  ⓪ 전혀 아니다 ① 여러 날 동안 ② 일주일 이상 ③ 거의 매일

〈 점수 산정방식 〉

위의 항목에 모두 답하셨다면, 선택한 답의 점수를 모두 더하세요.

1번을 선택했다면 1점, 2번을 선택했다면 2점.

그리고 1번부터 9번까지 더한 점수의 총 합을 다음 항목에서 찾아보세요.

0~4 점
건강한 상태

좋은 상태입니다. 남들에게 당신의 긍정 에너지를 전달해주세요.

당신이 있어야 세상이 밝아집니다.

5~9점
가벼운 우울 상태

괜찮습니다. 보통 이 정도는 다 그렇습니다.

다만 증상이 없는 것은 아닙니다.

조금 더 움직이시고 더 우울해지지 않도록 노력하셔야 합니다.

친구들도 만나고 활동을 더 늘려가세요.

10~14점	우울 증상이 꽤 있습니다. 전문가의 도움이 필요할 수 있습니다.
중등도 우울 상태	정신건강의학과에서 가볍게 상담을 받으시길 권합니다.
	의사가 좋은 방법을 알려주리라 기대합니다.

| 15~19점 | 전문가의 도움이 꼭 필요합니다. 그대로 두시면 안 됩니다. |
| 심한 우울 상태 | 약물치료를 포함해서 적극적인 치료가 필요합니다. |

| 20점 이상 | 지금 당장 이 책을 덮고 가까운 정신건강의학과를 방문하세요. |
| 매우 심한 우울 상태 | 전문의의 진료를 받으면서 이 책을 찬찬히 읽어나가세요. |

우울증을
예방하는
마음의 기술
5가지

1. 움직여라

우울할 때는 움직이기 싫습니다. 거의 불가능한 일처럼 느껴집니다. 움직여야 할 이유도 모르겠고, 움직이는 것이 귀찮습니다. 하지만 한 번만 우울하지 않은 것처럼 생각하고 움직여보세요. 10분만 걸어도 기분이 금세 좋아집니다. 처음부터 큰일을 할 수는 없습니다. 운동화를 사러 가는 일부터 시작해보세요. 조금씩 단계를 높여서 움직이다보면 나를 누르고 있던 블랙독도 서서히 나에게서 멀어질 겁니다.

2. 위로하라

우울할 때는 나 자신이 싫습니다. 우울한 내가 너무 싫고 나의 주변 환경도 싫습니다. 이렇게 살아온 나의 과거가 싫고 주변 사람들도 힘들기만 합니다. 이런 삶이 계속 될까봐 앞으로의 삶도 끔찍하게 느껴집니다. 이런 나를 주변 사람들은 모릅니다. 겉으로 보아서는 멀쩡하니까 아무도 나를 위로해주지 않습니다.

이럴 때야말로 내가 나를 위로해야 할 때입니다. 나를 가장 아껴주어야 할 때입니다.

지금껏 잘 살아왔다고 위로해주세요. 나는 충분히 위로받을 자격이 있습니다.

이것저것 따지지 말고 그냥 위로해주세요. 우리는 별것 아닌 것에도 상처를 받지만, 또 별것 아닌 것에도 큰 위로를 받습니다.

3. 받아들여라

마음에 안 드는 내 모습이 많습니다. 바꾸려고 해도 바뀌지 않습니다. 속상합니다.

나는 정말 되는 것이 없는 것 같습니다. 이럴 때 그냥 받아들여주세요.

'내가 잘 못하는구나.' 그렇게 인정하세요. 긍정적으로 산다는 것은 신나게 기분 좋게 산다는 것만은 아닙니다.

긍정이라는 말에는 '긍정적으로 생각한다'처럼 받아들인다는 의미도 있습니다. 있는 그대로의 나를 받아주세요.

4. 기쁘게 하라

나도 모르게 내가 좋아하는 것이 있습니다. 블랙독 때문에 다 잊어버린 것 같지만 분명 있습니다.

한번 찾아보세요. 찜질방에 가는 것이 좋다면 뜨거운 물속에 있는 것이 좋은지, 구운 계란을 까먹는 것이 좋은지,

땀을 흘리고 누워 있는 것이 좋은지 등 구체적으로 무엇을 좋아하는지 찾아보고, 그대로 해보는 겁니다.

음악이든 그림을 보는 것이든 무엇이든지 상관없습니다. 내 몸과 마음을 기쁘게 해보세요.

5. 살아가라

지금 당장 나아지지 않았다고 낙심하지 마세요. 지금은 힘들지만 블랙독과 함께 살아온 시간이 훗날 내 인생에

어떤 의미를 줄 수 있습니다. 내 인생에 찾아온 불청객을 쫓아내는 데 모든 에너지를 쓰지 마세요. 힘들 때면 좋은

사람들을 만나서 이야기를 나눠보세요. 지금은 우울하지만 일도 하고, 여행도 가면서 일상의 삶을 지속해보세요.

이런 일상적인 삶의 속도가 블랙독을 추월하면 녀석은 헉헉거리면서 이내 꼬리를 내리고 사라질 것입니다.

굿바이 블랙독

개정판 1쇄 인쇄 2020년 8월 20일

개정판 3쇄 발행 2023년 12월 25일

지은이 | 매튜 존스톤 옮긴이 | 채정호

펴낸이 | 성미옥

펴낸곳 | 생각속의집

출판등록 2010년 5월 18일 제300-2010-66호

주소 | 서울시 종로구 혜화동 53-9 1층

전화 | (02)318-6818   팩스 | (02)318-6613

전자우편 | houseinmind@gmail.com

페이스북 | facebook.com/healingcafe

인스타그램 | instagram.com/mindinhouse

ISBN 979-11-86118-39-9 02180